Fuchs · Göhrum Ich will dir Heimat geben

Martin Fuchs · Volker Göhrum

Ich will dir Heimat geben

Herder Freiburg · Basel · Wien

Reproduktionen: rete Grafische Kunstanstalt GmbH, Freiburg
Herstellung: Freiburger Graphische Betriebe 1988
ISBN 3-451-21205-6

Rückkehr

Wieder einmal sind wir unterwegs nach Israel, auf einer Reise, deren Eigenart auch zunehmende Routine schon deshalb nie ganz überspielen wird, weil sich Sicherheitsbestimmungen laufend verändern. Früher als sonst üblich müssen wir dieses Mal auf dem Flugplatz an einem Schalter abseits des großen Stroms der Fluggäste bereitstehen und uns noch vor der Gepäckkontrolle viele Fragen gefallen lassen. Unsere kleine, von keinem Touristikunternehmen organisierte Gruppe, die als Gastadresse nur ein Kloster deutscher Benediktiner in Jerusalem nennen kann, fällt sofort auf, und da wir gar bei der weiteren Befragung zugeben, das Kloster solle lediglich Ausgangspunkt für verschiedene Touren sein, die sich so ohne weiteres noch gar nicht beschreiben lassen, sind wir den Sicherheitskräften vollends verdächtig. Wir wollten im Süden des Landes auf den Spuren der Väter Israels wandern, erklärt einer von uns, denn für ein besseres Verstehen biblischer Schriften sei es notwendig, zu wissen, wie sich Wüstenerfahrungen auf das Zusammenleben der Menschen auswirkten. Wir wollten auch in Erfahrung bringen, ob sich das Lebensgefühl wandle, wenn man aus der Dürre wieder in üppige Vegetation zurückkehre. Deshalb sei eine Wanderung in Galiläa vorgesehen. Freunde in Israel hätten zugesagt, bei der Planung der Touren behilflich zu sein. Aber alle Erklärungen, so scheint es, verstärken nur noch den Argwohn der Beamten. Schließlich ist das Verhör doch überstanden, und wir werden nach weiteren Kontrollen von Grenzschützern zum Flugzeug geleitet. Noch während unser Jumbo abhebt, fährt ihr gepanzertes Fahrzeug nebenher.

„Schalom an Bord der EL AL – LY 1358“, tönt es aus dem Lautsprecher. Wir sitzen in einer der vielen im Osterverkehr zusätzlich eingesetzten Maschinen, denn Israel hat jetzt für Touristen Hochsaison, besonders dann, wenn, wie dieses Jahr wieder, das christliche Ostern und das jüdische Pessachfest im Kalender zusammenfallen.

„Next year in Jerusalem rebuilt“, so hatten sich die Israelis im Vorjahr von ihren Verwandten verabschiedet, als sie am Ende der Sederwoche abgereist waren. Sehnsucht nach ihrer religiösen Heimat führt so manche von ihnen jetzt wieder zum alljährlichen Fest zurück. Und der Fluggast bekommt lange vor der Landung eine hebräisch-englische Ausgabe der Haggada, der häuslichen Festordnung zum Sedermahl, von den Stewardessen ausgehändigt.

In Jerusalem tauchen wir für einen Tag im Gewoge der Menschen unter, die durch die Altstadt ziehen. Wir lassen uns vom Zauber des Souk einfangen. Christliche Pilger schieben sich durch die Gassen. Viele von ihnen sind nicht das erste Mal hier. Sehnsucht nach geistlicher Heimat ließ sie zurückkehren. Doch nicht alle suchen dasselbe. Viele wollen an einer historischen Stätte Gottesdienst feiern und sich so der

Wahrheit nähern. Andere erwarten eine sinnenhafte Stärkung ihres religiösen Verlangens, wie jene schwarz gewandeten griechisch-orthodoxen Frauen mit den schwarzen Kopftüchern, von denen manche sogar auf den Knien unter einem Altar in der Grabeskirche hindurchkriechen. Wieder andere Besucher müssen die Wahrheit mit Händen greifen können und etwa in einem Beutelchen ein wenig Erde des Landes oder in einer Flasche Jordanwasser mit nach Hause nehmen, um etwas vom Heiligen Land zu besitzen. Und schließlich reihen sich viele in eine Prozession ein, wie die am Palmsonntag, die durch eine bunte Zuschauermenge am Wegrand den Ölberg hinunterzieht. Durch Wiederholung heiliger Abläufe, in stillem Gebet, mit Gesang oder gar durch ekstatisches Tanzen wollen die Teilnehmer neuer Erlösung teilhaftig werden. Unweit dieser Szenen kommen auf dem Gelände des früheren herodianischen Tempels arabische Moslems oft von weither zusammen. Vor dem Felsendom und der El-Aqsa-Moschee vollziehen sie die rituelle Waschung. Sie ziehen die Schuhe aus, bevor sie ihre heiligen Stätten betreten, um sich im Gebet nach Süden gen Mekka zu wenden.

Wir aber blicken von hier nach Osten, über das Kidrontal hinweg zum gegenüberliegenden Ölberg, auf dem der riesige jüdische Friedhof liegt. Dort erhoffen sich fromme Juden, wenn der Messias kommt, die Auferstehung, und darum kehren sie dorthin aus aller Herren Länder als ihrer vorletzten Heimat zurück.

Man könnte in Jerusalem Tage und Wochen nur damit zubringen, den Menschen zuzuschauen, deren Wege sich hier kreuzen. Doch wir wollen in die Wüste. Und es müssen nun endlich Landkarten besorgt und Auskünfte darüber eingeholt werden, welche Teile des Landes als Militärgebiete gesperrt sind. Darum besuchen wir Jakov. Er ist der

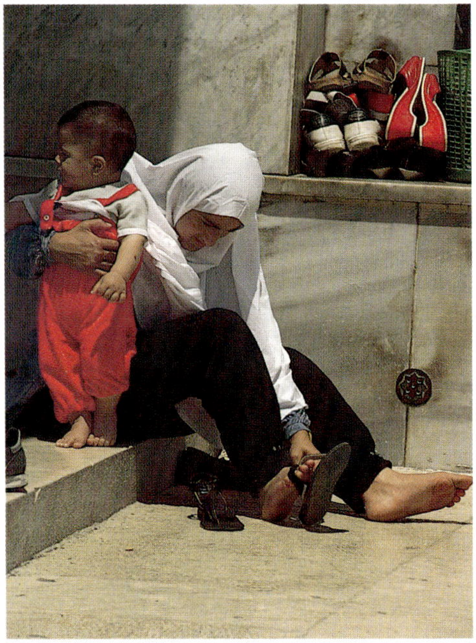

Sohn einer mit uns schon lange befreundeten Familie. Seine Eltern hatten fast als einzige ihrer Verwandtschaft den Holocaust überlebt und waren nach Israel entkommen. Uns hatten sie zweimal schon zum Sederabend eingeladen. Sie warteten auch jetzt wieder auf einen Besuch. Jakov aber, der nach Militärdienst und Studium Fremdenführer werden wollte, konnten wir sogar gewinnen mitzukommen, falls auch

sein arabischer Freund Kasim uns begleiten dürfte. Die Orts- und Sprachkenntnisse der beiden konnten uns nur von Nutzen sein.

Da Jakov und Kasim Zeit für uns haben, sitzen wir anderntags schon in einem komfortablen Überlandbus und fahren in sieben Stunden nach Elat am Roten Meer.

Von der Feldschule, einer Art Naturfreundezentrum, bekommen wir genaue Wegbeschreibungen und viele wichtige Ratschläge. Alles Unnötige, sogar die Zelte, lassen wir hier zurück, die sechs Liter Wasser, die wir pro Tag mitnehmen müssen, sind schwer genug und begrenzen ohnehin die Zeit unserer Wanderung. Da hier gewöhnlich nur an drei Tagen im Jahr Regen fällt, ist es äußerst ungewiß, ob wir eine Quelle oder Zisterne finden werden.

Noch am selben Tag erklimmen wir nachmittags die ersten Abhänge eines Gebirgszuges, der sich aus dem Grabenbruch, zu dem das Rote Meer gehört, erhebt, und rascher als erwartet, wird unser Wüstentraum Wirklichkeit. Noch immer brennt die Sonne vom Himmel. Zwei Stunden später aber wird es schon Nacht. Der Übergang vom Tag zur Dunkelheit dauert gerade eine Viertelstunde. Rasch suchen wir zwischen dem Geröll eine Mulde, räumen ein paar Steine zur Seite und breiten Isomatte und Schlafsack aus. Wenig später lassen wir uns gefangennehmen vom Zauber der sternklaren Nacht in der Wüste. Die künstliche Welt der Zivilisation, aus der wir kommen, scheint in unendlich weite Ferne gerückt, und eine andere Wirklichkeit gewinnt Macht und bestimmt von jetzt an mit ihren uralten Gesetzen unser Leben.

Schon bevor uns die ersten Strahlen der Morgensonne treffen, ist das Frühstück beendet, und wir brechen auf. Die Wege zum Mount Schlomo sind ausreichend markiert. Die Ratschläge der Feldschule bewähren sich. Dennoch müssen wir ein- oder zweimal unsere schweren Rucksäcke zurücklassen, um nach Wegmarkierungen zu suchen. Später kommen wir in der drückenden Hitze nur mehr langsam voran. Jede halbe Stunde wird ein kurzer Halt nötig, damit die Wasserflasche kreisen kann. Selbst wer keinen Durst spürt, muß trinken.

Unter solchen Belastungen zeigt sich, was unsere Gemeinschaft zu ertragen vermag und wozu sie gut ist. Wer behender im Klettern und erfahrener ist, bietet dem Ängstlicheren sicheren Griff und Tritt. Und wer in der Sonnenglut langsamer vorankommt, kann sich darauf verlassen, daß die Schnelleren immer wieder auf ihn warten. Bei anderer Gelegenheit wird er mit Genugtuung feststellen, wie schnell sich die Rollen vertauschen können. Diese Erfahrung bringt uns näher zusammen und führt uns unversehens auf die Spuren der Glaubensväter, denn das Gesetz der Wüste fordert von allen bedingungslose Rücksichtnahme auf jeden einzelnen in der Gemeinschaft, die – damals wie heute – jedem dafür wieder ein größeres Maß an Freiheit garantiert.

Die einzige Begegnung mit Menschen, die wir in der Wüste haben, ist die mit einer Jugendgruppe. Ihre Leiterin kommt, das Gewehr im Anschlag, unvermittelt auf uns zu. Natürlich sprechen wir miteinander, erzählen, was hinter uns liegt und wohin die Reise gehen soll, und wir erhalten Ratschläge. Allmählich legt sich unser Befremden, und wir freuen uns über die gemeinsame Rast – trotz der Waffe. Die Szene jedoch bleibt lebhaft im Gedächtnis. Die Angst der Israelis vor einem Terroranschlag muß tief sitzen. Wer von uns wollte zu Hause mit dieser ständigen Furcht leben müssen?

Die letzte Wüstenwanderung in Höhe des Toten Meeres müssen wir des Militärs wegen auf einen Sabbat legen, denn das Gebiet westlich von Qumran dient wochentags als Panzerübungsgelände. Auf einer Anhöhe bietet sich uns ein herrlicher Blick zum Toten Meer und hinüber auf die Berge Moabs, des heutigen Königreichs Jordanien. Von dort waren einst die Israeliten auf ihrer Wanderung durch die Wüste über den Jordan gekommen. Jericho war zu jener Zeit bereits eine Ruinenstadt und kaum ein Hindernis auf ihrem Weg in das Gelobte Land. Heute ist Jericho eine ausgedehnte wasserreiche Oase. Nicht weit von hier waren die Einwanderer dann durch die Wüste Juda ins verheißene Land Kanaan hinaufgezogen, wo sie im Laufe der Zeit seßhaft wurden.

Unversehens schwindet in unserem Bewußtsein immer wieder der Abstand zwischen dem Heute und den biblischen Zeiten. Bei Jericho stehen wir auf dem Ausgrabungshügel mit Mauerresten, die älter sind als alles, wovon die Geschichte erzählt. Gleich daneben liegt das verlassene Palästinenserlager. Nicht weit davon sehen wir das ausgedehnte Gebiet eines landwirtschaftlichen Kibbuz und nahe dabei Zelte von Beduinen, die mit ihren Schafherden heute wie ehemals durch das Land ziehen und selbst noch in der Wüste ihr Auskommen finden.

Während wir am Ende unserer Wüstentour auf der Bank einer Haltestelle am Straßenrand sitzen und auf den Bus nach Jerusalem warten, treffen drei junge israelische Soldaten ein. Sie legen Gewehr und Wassertornister ab und versuchen, ein Auto anzuhalten. Fast eine Stunde vergeht. Sie haben keinen Erfolg. Niemand hält an, keiner nimmt sie mit. Dann endlich taucht der blaugraue arabische Bus auf. Beinahe wäre er vorbeigefahren. Noch im letzten Augenblick bemerkt der Fahrer unser aufgeregtes Winken und stoppt weit hinter der Haltestelle. Erst im Wagen fällt uns auf, daß die Soldaten nicht mit eingestiegen sind und daß wohl der Fahrer ihretwegen beinahe auch uns übersehen hätte.

Der Bus ist drei Generationen älter als die Fahrzeuge auf israelischen Linien. Anscheinend ist außer Jakov kein einziger Israeli mit im Bus nach Jerusalem. Dafür fallen uns recht hübsch gekleidete Jungen auf, die etwa zehn Jahre alt sein mögen und recht lebhaft und vergnügt sind. Die erwachsenen einheimischen Insassen schauen dagegen eher gelangweilt drein.

Alle paar Kilometer hält der Bus auf offener Strecke an und entläßt einen oder zwei der Jungen. Nach dem dritten Halt, als wieder einer von ihnen ausgestiegen ist, schauen wir zurück, um zu erfahren, wohin er wohl geht. Weit und breit sehen wir nichts, bis zwischen zwei Hügeln eines der schwarzen Beduinenzelte für einen kurzen Augenblick auftaucht. Das ist also ihr Ziel! Während ihre Eltern an den Osthängen der Wüste Juda ihre Tiere das spärliche Frühjahrsgras abweiden lassen, schicken sie, wenn das Zelt nicht allzuweit von der Hauptstraße entfernt aufgeschlagen ist, die männlichen Kinder nach Jericho in die

Schule. Erneut erleben wir diesen Zeitraffereffekt, der jahrtausendealte biblische Szenen gegenwärtig macht: da lassen Beduinen ihre Kinder wieder einmal von der Freiheit des Wanderhirten zum Leben in einer Oasen- und Ackerbauernkultur umschulen. Und wieder einmal, wie schon so oft in der Geschichte des Vorderen Orients, beginnt ganz im stillen ein Landnahmeprozeß mit ungewissem Ausgang. Denn wer weiß schon, ob diese Kindergeneration in der sich wandelnden Welt je glücklich werden wird? Ob die Freiheit, die sie gewinnen, besser sein wird als jene, die sie hinter sich lassen? Ganz zu schweigen von der Schwierigkeit, heutzutage auf den Westbanks unter den Palästinensern im Staat Israel überhaupt Anerkennung und Arbeitsplätze zu finden.

Als die Israeliten einst aus dem Osten kamen, um mit ihren Tieren hier zu leben, war es wohl nicht viel anders. Sie wanderten in die kargen Gebiete ein, die kanaanäische Ackerbauern nicht besiedelt hatten. Sie zogen mit ihren Herden umher, bis sie, erst nach Generationen, zu Besitzern von Äckern wurden und Häuser bauten. Die Aufteilung des Landes in seinen Grenzen, die Sicherung der Ernte, das Aufbewahren der Vorräte – all das wurde den Ankömmlingen nur ganz langsam zu einer neuen Qualität von Heimat.

Vielen Israelis gilt ihre Ansiedlung in Palästina heute nicht als neue Ankunft im verheißenen Land, sondern als Rückkehr dorthin. Von 1882 an kehrten verfolgte Juden in mehreren Einwanderungswellen ins Land ihrer Väter zurück, das sie 135 n. Chr. endgültig hatten verlassen müssen. 1947 hatten Briten auf einen Beschluß der UN-Vollversammlung hin das Land in ein jüdisches und in ein arabisches Gebiet aufgeteilt, nachdem sie in den Weltkriegen beiden Seiten jeweils das Ganze versprochen hatten. So wissen Juden und Araber das volle Recht auf ihrer Seite und können es doch nur halb bekommen. Seitdem versuchen die Araber vergeblich, „ihr" Land zurückzuerobern, und verlieren es von Tag zu Tag mehr. Seit 1967 halten die Israelis Ostjerusalem, die Golanhöhen und die Westbanks besetzt. Nur den Sinai gab Israel als Friedenspreis an Ägypten zurück. Die vielen Terroranschläge seit 1948 erklären, warum wir überall im Land Militär antreffen und bewaffnete Soldaten zum alltäglichen Straßenbild gehören.

Die letzten Beduinenkinder haben auf unserer Fahrt hinauf nach Jerusalem den Bus längst verlassen. Immer häufiger sind jetzt von der Straße aus Spuren der Zivilisation zu sehen. Auf kahlen Höhenzügen tauchen wie aus dem Nichts Trabantenstädte auf, während wir uns durch dörfliche arabische Vororte der Hauptstadt nähern: Heimat der Araber. Die neuen, aus dem Boden gestampften Viertel einer industriellen Zivilisation verändern aber auch hier mit atemberaubender Geschwindigkeit die Welt. Jerusalem, die Heilige Stadt, Urbild der verheißenen Heimat jenseits aller Zeit, geht mit der Zeit, verliert dabei und gewinnt, wird betriebsam und hektisch und bleibt dennoch weiterhin Orient, erscheint bei allem Gewimmel und Geschäft doch heiter und gelassen.

Das erleben wir gleich im exotischen

Durcheinander des Busbahnhofs am Damaskustor. Und wir erleben es auch in Mea Shearim, in dem Teil der Stadt, wo fromme, orthodoxe Juden wohnen, die mit der Politik des neuen Judenstaates nichts zu tun haben wollen. Ihre biblischen Vorväter hatten in das Land gefunden, indem sie Grabplätze kauften und sich Nutzungsrechte an Quellen erwarben. Die Ankömmlinge der letzten Generation aber errichteten Stacheldrahtzäune und bauten Wachttürme, wie die Kibbuz-Siedlungen draußen im Araberland zeigen. Der Zaun der orthodoxen Juden in Jerusalem ist das Gesetz, ihr Leben will Gottesdienst und Schriftstudium sein, denn Politik, so glauben sie, ist Sache Gottes.

Jetzt am Abend, da der Sabbat zu Ende geht, strömen im Orthodoxenviertel die frommen Juden aus ihren Synagogen ins Freie. Auch hier ein turbulentes Treiben, nur farbenfroh ist es nicht. Die Männer mit bärtigen Gesichtern, breitkrempigen, schwarzen Hüten über halbverdeckten Kippas und in dunklen Kaftanen sind alles andere als bunt. Auch die Frauen, die ihre kahlgeschorenen Köpfe mit enganliegenden Kopftüchern bedecken, bringen in nicht gerade modischen Kleidern und schwarzen, dicken Strümpfen wenig Farbe ins Bild. Die kleinen Buben mit langen Schläfenlocken, der Kippa und den halblangen Hosen, über deren Bund weiße Fäden anzeigen, daß sie ein Gebetshemdchen auf dem Körper tragen, sehen seltsam verkleidet aus. Wer aber die Hauptstraße verläßt und in die Seitengassen hineingeht, sieht sich plötzlich um ein Jahrhundert in polnische oder russische „Städel" zurückversetzt. Rührend geben sich da Männer mit ihren vielen Kindern ab oder diskutieren lautstark und gestenreich über

Glaubensfragen. Selbst auf den Plakaten an den Wänden wird die Diskussion fortgesetzt. Gehen wir am Tag durch diese Gassen, halten wir uns mit dem Photographieren zurück, und die Frauen tun gut daran, keine ärmellosen Blusen zu tragen, denn hier wird als wahres gottgewolltes, frommes Verhalten ausgegeben, was vor hundert Jahren einmal in einer längst verlassenen Heimat sinnvoll war.

An der Stadtmauer des osmanischen Jerusalem entdecken wir jenes Symbol, das einst diskriminierendes Kennzeichen der Juden in Deutschland war. Heute ist der Davidstern stolzes Attribut der Staatsfahne. Er bedeutet, daß in diesem Land jüdische Existenz wieder selbstverständlich gelebt wird. Die ehemals in alle Welt verstreuten Juden, insbesondere die Überlebenden des Holocaust, haben hier ihre Heimat gefunden.

Was aber wird aus den Palästinensern?

Messen wir den politischen Staat Israel mit der religiösen Elle unserer gemeinsamen Tradition, klaffen Anspruch und Wirklichkeit weit auseinander. Doch welches Recht haben wir überhaupt, so zu messen?

Die europäische Christenheit war in ihrer Geschichte eine lange, schuldbeladene Strecke mit den Juden unterwegs. Überheblichkeit ist unangebracht. Lernen wir aus der schlimmen Vergangenheit, gilt es, Spannungen und Gegensätze fruchtbar zu machen und im Gespräch miteinander den jeweils ererbten Glauben zur bestimmenden Wahrheit werden zu lassen. Dann kann für beide gelten, daß niemand Heimat als ewigen Besitz für sich allein beanspruchen darf. Wo immer Juden und Christen zu Hause sind, ist ihnen aufgetragen, anderen Heimat zu schaffen.

Freiheit

Israels Väter waren aus der Knechtschaft Ägyptens entkommen. Sie wollten lieber in der Wüste Mangel auf sich nehmen und die Fleischtöpfe des Pharaonenreichs vergessen, als weiterhin unfrei bleiben. Den Gefahren des Beduinenlebens ausgesetzt, von Hunger und Durst gequält, lernten sie, daß es Überleben und damit eben auch Freiheit nur in einer Gemeinschaft geben konnte, in der sich jeder für den anderen verantwortlich fühlte.

Die Sinainomaden gelangten nach langem Wanderleben von Osten her an den Jordan und schauten hinüber ins Land der Verheißung, in dem es nach allen Entbehrungen endlich wieder genug zu essen und zu trinken gäbe. Sie waren frei zu wählen, was sie wollten. Vorsichtshalber schickten sie aber zuerst Kundschafter in jenes Land Kanaan. Als diese zurückkamen, konnten sie nicht nur von einem Land berichten, in dem Milch und Honig flossen, sondern auch von festen Städten, denen mit ihren Waffen nicht beizukommen war. Da bekamen die Israeliten Angst, und die übermächtigen Bewohner des Landes wuchsen ihnen zu Riesen. Wollten sich die Ankömmlinge dennoch in Kanaan niederlassen, müßten sie überlegen, ob sie dort, und sei es nur als die ärmeren Nachbarn, frei leben könnten. Drohte ihnen wirtschaftliche Abhängigkeit von den Städten, Bindung an einen festen Ort? Müßten sie sich an den Fruchtbarkeitskult Kanaans anpassen und schließlich, wären sie dann überhaupt noch imstande, den nachrückenden Stämmen zu wehren, die sie, kaum angekommen, gleich wieder verdrängen könnten? So standen die Sinainomaden am Jordanufer, schauten angstvoll hinüber, und ihr Fragen wollte kein Ende nehmen: War denn, wo sie sich niederlassen würden, wirklich das Land der

Verheißung ihres Gottes? Sollte sich nach 40 Jahren entbehrungsreichen Zugs durch die Wüste ihre Freiheitssehnsucht endlich erfüllen? Oder ginge sie eben dort drüben unversehens wieder verloren? Israel hatte die Wahl. Wie sollte es entscheiden?

Frei werden, frei bleiben kann, wer loszulassen versteht. Dies aber wagt nur, wer in früheren Tagen Erfahrungen mit Wagnissen gemacht hat, wer erlebt hat, wie erste zaghafte Schritte gegen alle Ängste nicht ins Unglück, sondern zu einem beglückenden Anfang führten. Darum kann nur frei werden und bleiben, wer auch sich selbst zu verlassen versteht und dabei erfährt, daß dies zu einer neuen Geburt, einer neuen Identität führt, die ihn wichtig werden läßt für andere. Israel sollte ein Segen sein, dies war sein Auftrag. Dazu hatte Gott befreit. Doch konnte es diesem Auftrag gerecht werden?

Israel brach damals auf, überquerte den Jordan und ließ sich auf die Zusage ein, es könne in jenem Land seinen Bund zum Segen für sich selbst und die Völker verwirklichen. Auch heute wieder gibt es in Palästina ein Israel. Und wieder – welch ein Wunder – versucht ein Staat mit der Bibel als Grundgesetz, in diesem Land Heimat und Freiheit zu finden.

In Europa, bei uns zu Hause, gründet die Kultur noch immer auf dem christlichen Glauben. Und wir haben uns zu fragen, ob denn auch hier der Menschlichkeit eine Heimat geschaffen wurde. Fühlen wir Christen uns, wie die Bibel es will, vor allen anderen mitverantwortlich für die Schwachen? Tragen wir dazu bei, daß Unfreie frei werden? Sind wir dazu erlöst, ein Segen füreinander und für die Völker zu sein?

„Wollt ihr wirklich,
daß ich euch vor allem anderen
zuerst durch die Wüste meines Landes
führen soll?" fragte Jakov
und zweifelte immer noch ein bißchen.

Noch einmal versuchten wir,
ihm unsere Absicht klarzumachen:
„Mehr als an den sogenannten heiligen Stätten
hoffen wir das Heilige
an unheiligen Orten zu finden.
Darum wollen wir zuerst in die Wüste gehen
und uns dem nähern,
was deine Väter,
die ja auch unsere Glaubensväter sind,
dort erfahren und gelernt haben."

„Nun denn", meinte Jakov, „dann kommt mit!
Es wird eine anstrengende
Wanderung werden."
Und er fügte lachend hinzu:
„Unsere Väter waren 40 Jahre in der Wüste.
Wollen wir hoffen,
daß ihr nicht so lange suchen müßt,
was ihr dort zu finden hofft!"

Unvermittelt trafen wir auf ein Nomadenzelt
in der verlassensten Gegend, die man sich denken kann.
Eine Frau,
die sich nicht mehr rechtzeitig hatte verbergen können,
wandte sich schnell ab und verschwand hinter den Planen.

„So etwa muß es damals gewesen sein", meinte Jakov,
„im Leben unserer Väter.
In solchen Wüsteneien mußten sie mit ihren Tieren
das dürftige Grün des Frühlings suchen,
um dann im Herbst wieder, nahe dem Kulturland,
auf die Reste abgeernteter Felder zurückzukommen.
Noch heute erinnern wir uns am Laubhüttenfest
an jenes freie Leben:

Wenn das Jahr zu Ende geht,
wenn die Ernte eingebracht ist,
verlassen sogar wir Städter die festgebauten Häuser
und ziehen in provisorische Laubhütten um.
Dann leben wir zur Freude aller Kinder
unter freiem Himmel.
Wir wohnen, als müßten wir morgen schon weiterziehen.
Wir empfangen in der Laubhütte Gäste,
essen, trinken und bleiben auch über Nacht.
Selbst, wenn sich manche dabei etwas unsicher fühlen:
wir wollen etwas von jener ersten Freiheit spüren,
die uns mit der Erlösung aus Ägyptens Herrschaft
in der Wüste geschenkt wurde."

Mitten durch felsiges Gebirgsland zieht sich ein Wadi,
verlassen und menschenleer.
Doch jetzt stehen Wolken am Himmel,
die den Durst des Landes löschen.
Und schon antwortet seine Vegetation
mit atemberaubendem Blühen.

„Hier können wir das Paradies mit Händen greifen", sagte Jakov,
„das Land, in dem Milch und Honig fließen."

„Als eure Väter hierherkamen,
krempelten sie die Ärmel hoch und arbeiteten", meinte Hans.
„Sie dachten nach und spielten mit ihren Möglichkeiten,
bis sie am Ende dieses Kulturland geschaffen hatten."
Uli spann den Faden weiter:
„Sie verloren ihre Freiheit an die fleißige Hand
und das berechnende Gehirn!"

Jakov stutzte.
So einfach mochte er das nicht sehen.
„Natürlich, das geschah damals", wandte er ein,
„und auch heute.
Doch damit selbst wir Städter
unsere Freiheit nicht für immer verlieren,
orientieren wir uns, indem wir zurückblicken
in jene Zeit der Erfahrung tiefer Unsicherheit
und der vielen Dimensionen der Wüste."

Und Kasim ergänzte:
„Wenn schon in der Wüste die Menschenleere schreckt,
so ist es in der Stadt die Beziehungslosigkeit
mitten unter Menschen."

Auch Jakov dachte so:
„Wer seine Freiheit bewahren will,
wer das Ziel hat, seinen Mitmenschen Freiheit zu schaffen,
muß durch Wüsten der Einsamkeit geschritten sein."

Bei Hebron, im Gebirge Juda,
wo Abraham einst seinen ersten Acker gekauft haben soll,
machte uns Kasim auf einen Araber aufmerksam,
der mit dem Ritzpflug,
wie schon viele Generationen vor ihm, versuchte,
das bißchen Ackerkrume im Weinberg
unter einem Meer von Steinen aufzubrechen.

Uns erschien seine Arbeit wie ein Wunder,
denn es war Handeln auf Hoffnung.
Und wir fragten uns zweifelnd,
wie in diesem Boden Reben wachsen
und Frucht tragen sollten.

„So etwa denke ich mir die Mühen,
die den Menschen bevorstanden,
als sie hier einwanderten", meinte Jakov.
„Sie fanden hier nicht jungfräulich frisches Land,
das nur darauf wartete, eingesät zu werden.
Vielmehr kamen sie in steiniges Gebirge
weitab von den fruchtbaren, wasserreichen Ebenen,
die den in geschützten Städten lebenden Ureinwohnern
gehörten."

Hans erinnerte an die Bibel:
„Dazu paßt genau der Satz,
‚Im Schweiße deines Angesichts sollst du dein Brot essen!'"
Uli aber, der wohl wußte, wie schwer Arbeit werden
konnte, fragte:
„Wo ist in diesem Bibelwort das Positive?"

Jakov reagierte am schnellsten:
„Unseren Vätern konnten auf solchen Böden
die Bäume nicht in den Himmel wachsen,
und das war gut so,
denn Grenzen zu erfahren macht sensibel
auch für die Begrenztheiten anderer."

Kasim beendete das Gespräch:
„Wer achtet nun auf das Geringe,
und wer achtet auf die Geringen unter uns?
Doch der, welcher auch in guten Tagen nicht vergißt,
daß sein Leben und Wohlergehen Allahs Geschenk ist!"

Je tiefer wir auf unserer Wanderung in das Kulturland kamen,
um so mehr Spuren der ungeheuren Arbeit konnten wir sehen,
die viele Geschlechter in Tausenden von Jahren geleistet hatten.

Hoch oben an den Bergkämmen Samarias
gliedern Kalkbänder das Land.
Ein Gewirr von Steinmauern nutzen diese
oder laufen quer über sie hinweg.
„Mauern aus Felsbrocken,
die wir aus den Feldern gelesen haben", erklärte Kasim.
„Doch wie viele liegen noch im Land!" bemerkte Hans.
„Eure Mühe mit den Steinen wird hier niemals enden!"

Kasim wies auf die uralten Türme.
die sich zwischen den Terrassen erhoben.
„Sie dienen als Wachttürme und sind zugleich
Sommerhäuser der Bauern,
die hier während der Erntezeit wohnen."

„In der Sehnsucht ihres Herzens,
daß die Arbeit Frucht bringen möge,
verfielen unsere Väter einst den Göttern Kanaans", sagte Jakov.

„Kein Wunder, daß sie deren Hilfe suchten", kommentierte Uli.
„Denn gar zu verschieden von ihrer Wüstennot
war die Mühe, die ihnen das Ackerland abforderte.
Und kein Wunder auch, wenn viele meinten,
ihr Nomadengott könne dabei nichts ausrichten."

Mitten im staubfahl steinigen Land
glänzte sattgrün das Laub der Granatapfelbäume.
Sie trugen leuchtend orangerote Blüten,
deren Kelche außen so hart,
deren Kronblätter innen aber wunderbar zart waren.

„Seit alters“, erklärte Jakov,
„deuten wir diese duftenden Blüten
als Symbol für den Frühling,
und von der ebenmäßigen Form der Früchte
lassen wir uns auf die Schönheit der Frau hinweisen,
der süße Saft aber gilt als Nektar der Liebenden.
Selbst die Tempelglocken
waren einst den Granatäpfeln nachgebildet,
und die Gewänder der Priester trugen Ornamente,
die ihnen nachempfunden waren.
Dieser Baum gibt uns in vielfacher Weise
ein Bild dafür,
welch herrliche Gabe wir
mit unserem Leben empfangen haben.“

„Ist es nicht etwas vom Schönsten, was uns begegnen kann?"
Hans wies auf ein Kind hin,
das voller Genuß und ungestört
eine mit Tomaten überbackene Pitta aß.

„Pitta ist das Urbrot,
das schon unsere Väter aßen!" erklärte Jakov.
Und weil auch er sich über diesen Anblick freute, sagte er:
„Wenn wir unsere Freiheit nützen,
füreinander so zu sorgen,
daß selbst die Unmündigen satt werden,
ist Friede im Volk.
Dann findet jeder von uns Heimat,
weil er sich geborgen weiß,
und selbst härteste Arbeit kann ihn froh machen."

„Du sprichst die eine Seite des Ganzen an!" meinte Uli,
der immer wieder versuchte,
auch mit den Augen Kasims zu beobachten.
„Die andere Seite ist:
ihr dürft nicht vergessen,
daß Heimat und Essen, die uns das Leben schön machen,
Geschenke sind.
Wo es den Menschen gut geht,
werden sie allzuoft stolz und hart gegeneinander,
weil sie sich einbilden,
alles aus eigener Kraft erworben zu haben.
Und sind sie einmal durch ihren Erfolg überheblich geworden,
fällt ihnen auch das Teilen mit anderen schwer."

In Taiyiba begegneten wir diesem Mann,
dessen Gesicht Würde und Stolz ausstrahlte,
aber auch Güte und erfahrenes Leid widerspiegelte.

„So stelle ich mir unsere Patriarchen vor“,
meinte Jakov.
Kasim aber freute sich,
denn er kannte diesen Mann und wußte,
daß er arabischer Christ war.

„Ist es denn wichtig zu wissen,
wer eines Menschen Stammväter sind,
Ismael oder Isaak, Sem, Ham oder Japhet?“
wandte Uli ein.

Diese Frage verletzte Jakovs Bindung an die Tradition.
Darum widersprach er:
„Wer sich nicht erinnert an seine Herkunft,
verliert die Freiheit an Götzen,
er wird abhängig von Zufälligkeiten,
die keine Zukunft haben.“

Jetzt war es gut, daß wir Kasim dabei hatten,
er konnte aus der Verlegenheit helfen:
„Ist es nicht eine glückliche Herausforderung“,
schlug er vor,
„daß Abraham für Juden, Christen und Moslems
Vater des Glaubens ist?
Er kann unser aller Vorbild sein,
aus dem Vaterhaus aufzubrechen,
um Segen zu sein für andere,
damit jeder in unserer Welt Heimat finde.“

Wir standen auf dem Tempelplatz in Jerusalem
und blickten über das Kidrontal hinweg,
dorthin, wo sich am Ölberg
die Gräberfelder des Judenfriedhofs ausbreiten.

„Wenn ihr genau hinseht“, sagte Jakov,
„entdeckt ihr zwischen den weißen Kalkblöcken einen Mann.
In einem schwarzen Eisenkasten
hat er ein Feuer entzündet.
Vielleicht sind es Kerzen,
vielleicht ist es auch Öl in einer Konservendose,
zur Ehre und zum Gedächtnis für einen großen Toten.“

„Vielleicht als Symbol für aufsteigende Gebete?“
fragte Hans.
„Oder als Nachklang zum Opfer vor der Zerstörung des Tempels?“
meinte Uli.

Jakov aber erzählte von seinem Vater:
„Für ihn gibt es Heimat dort,
wo alle Wanderschaft endet,
wo wir uns, verwandelt,
eines Tages zu unseren Vätern versammeln.“

Gott

Zu Samuel, Israels großem alten Mann, kamen am Ende der Richterzeit Gesandte aus den zwölf Stämmen: „Alle Nachbarn, die Amalekiter, Moabiter, Edomiter und auch alle anderen Völker haben einen König“, redeten sie auf Samuel ein. Der aber antwortete: „Gott ist unser König!“ Die Gesandten bedrängten ihn weiter: „Das Volk leidet unter den Übergriffen seiner Nachbarn, und vor allem ist der Heerbann zu schwerfällig gegenüber dem Berufsheer der Philisterkönige.“ Samuel aber entgegnete: „Gott wird für euch streiten!“ Doch die Gesandten gaben nicht nach: „Im Ernstfall ist das Land längst verwüstet, ehe du einen Heerbannführer, einen ‚Richter‘, für Israel findest. Haben wir keinen König, fürchten uns die Heiden nicht und greifen um so unverschämter an!“ Samuel aber beharrte auf seinem Nein: „Nur Heiden brauchen Könige. Wir sind Gott wie sein eigener Augapfel. Wer uns angreift, greift ihn an. Darum sorgt er für uns. Und es steht geschrieben, wir sollten uns nicht gelüsten lassen des Hauses noch Weibes, weder des Knechtes noch der Magd, noch alles anderen, was der Nächste hat! Von dem allem wird aber ein König an sich nehmen, wozu er nur Lust hat.“ Die Gesandten jedoch wollten nichts als den Frieden sichern. Da gab ihnen Samuel schließlich nach und salbte seinem Volk den Saul als König und später dann auch noch David.

Tat er das, weil er zu alt und müde oder weil er weise war? Konnte ein König Stellvertreter Gottes auf Erden sein? Konnte Politik die Heimat, Gottes Eigentum und Leihgabe schützen? Der militärische Erfolg Davids hat den Gesandten recht gegeben. Unter ihm konnte sich Israel von der drückenden Übermacht der Philister befreien. Und als David gar mit seinem Privatheer die Jebusiterstadt Jerusalem eroberte, hier seinen Regierungssitz errichtete und auch noch die Bundeslade, das gemeinsame Heiligtum aller Stämme, herbringen ließ, war durch diesen überaus raffinierten Zug dem Doppelstaat Israel-Juda ein politischer und religiöser Mittelpunkt gegeben, eine Hauptstadt, die als persönlicher Besitz des Königshauses jenseits aller Rivalitäten zwischen den Stämmen herausragte. Oder waren die tieferen Gründe für Samuels ursprüngliches Zögern, daß er gerade solche Folgen fürchtete? Hätte er besser doch unnachgiebig bleiben sollen?

In Jerusalem wurde die Staatsmacht jetzt vom König repräsentiert. Er begann mit anderen Königshäusern in Prachtentfaltung und Luxus zu konkurrieren.

Durch politische Heiraten kamen heidnische Sitten und Götter wieder ins Land hinein, und es drohte Gefahr, daß Gott zu einem Staatsgott verkam, der den Mächtigen und ihrer Politik zu Willen war, der das Königshaus stützte und das Volk in seinem Namen und mit Hilfe der Priester klein hielt.

Immer deutlicher mahnten daher Propheten, die den Glauben an den Bundesgott und Israels Bundestreue schwinden sahen: „Leben und Heimat sind Leihgaben Gottes, verlierbares Gut. Wer ihren Geber vergißt und sein will wie die Heiden, wer den Bund vergißt und nur mehr an sein eigenes Wohl, an Macht und Reichtum denkt, wer vergißt, daß Gott vor allem Verantwortung für den Bundesgenossen, Mitleid für den Schwachen und Armen erwartet, kann nicht im Lande bleiben und wird keine Zukunft haben. Statt vieles zu gewinnen, wird er alles verlieren."

Wer Gott vergißt, den einzigen, den Unvergleichlichen und Barmherzigen, wird erfahren, wie ihm selbst im Gelobten Land die Beziehungen zum Mitmenschen, zur Arbeit und zur Natur mißraten. In der Vergeblichkeit seines Tuns, in der Wirklichkeit des Schmerzes und des Todes setzt der wahre Herr dem Mächtigen wie dem Ohnmächtigen unüberhörbare Zeichen. Wer sie versteht, geht mit seinen begrenzten Gaben, mit seinem geliehenen Leben, mit den anvertrauten Mitmenschen und der geschenkten Heimat pfleglich um.

Soviel sagt uns die in die Bibel eingegangene Erfahrung. Leider ist sie bis heute nicht zur Selbstverständlichkeit geworden. Denn selbst in den demokratischen Ländern Europas bleibt wie im modernen Israel das uralte Problem aktuell, daß politische Macht immer wieder die Tendenz zeigt, Religion und Klerus als Stütze des Staates zu mißbrauchen. Dann müssen die Führer der Kirchen Kanonen und Atombomben segnen. Dann wird der Klerus gekauft, dem politischen Gegner zu fluchen und die eigene Staatsordnung als Gottesgabe heiligzusprechen. Und schließlich dürfen sie dann auch noch mithelfen, die Privilegien der Besitzenden im Land als Gotteslohn zu bestätigen und zu verteidigen. Dann mag Gott, der Geber aller guten Gaben, wohl überflüssig werden. Die alten Götzen Mammon und Mars aber feiern Auferstehung und verlangen wieder Menschenopfer.

Diesen Anblick werden wir nie vergessen:
Jerusalem, die hochgebaute Stadt, die heilige,
vor unseren Augen ausgebreitet
in aller Schönheit.
Sobald ein Sonnenstrahl auf sie fällt,
leuchten sie silbern und golden,
die Kuppeln der El-Aqsa-Moschee
und des Felsendomes.
Und drüben am Ölberg und anderswo
glänzen christliche Kirchen
verschiedener Konfessionen.
Nur – ein jüdischer Tempel fehlt.

Wir fragten Jakov,
wie denn das Judentum
ohne ihn habe überleben können,
und ob man nicht daran denke,
einen neuen Tempel zu bauen.

Jakov antwortete:
„Der Gott, der in der Wüste zu uns sprach,
läßt sich in kein Heiligtum einschließen.
Er läßt nicht über sich verfügen.
Er offenbart sich, wann und wo er will.
Darum brauchen wir keinen Tempel,
wollen wir seinen Willen tun:
seine Liebe unseren Mitmenschen
weiterzugeben!“

Und dann ging ein spitzbübisches Lächeln
über sein Gesicht:
„Es könne ja durchaus möglich sein,
daß Gott heute auch ohne Tempel
gehört werden kann.“

Ein weiteres Mal waren wir in die Wüste hinausgewandert.
Nach einer Nacht mit Sturm und prasselndem Sand
brach am Morgen Sonne durch die Wolken.

„Jakov, du sagtest,
deine Väter hätten aus der Wüste Gott mitgebracht."
Dabei blickten wir zu dem aufregenden Schauspiel am Himmel.
Jakov hatte verstanden.
„Ihr meint, daß uns die Wolke den Weg gewiesen habe?"
„Genau das", gaben wir zurück,
„sie war Zeichen, daß Gott mit euch ist.
Steht denn auch heute noch
über deiner Heimat die Wolke?"

Eine Weile lang schwieg Jakov betroffen,
und wir begannen schon zu überlegen,
ob wir so direkt nicht hätten fragen dürfen.
Dann meinte er:
„Habt ihr selbst nicht schon längst darauf geantwortet,
als ihr mich batet, mit euch durch meine Heimat,
die Wüste und das fruchtbare Land zu wandern?"

Hinter Qumran hält an den kahlen, vom Morgenlicht
noch gar nicht voll erfaßten Wadihängen im Gebirge Juda
eine lockere Gesellschaft von kugeligen Büschen aus.
Längst sind die Wasser vom letzten Regen
im Kalkboden versickert.
Wir wundern uns,
daß hier überhaupt Pflanzen existieren können.

„Die Büsche siedeln frei wie Nomaden", meinte Kasim,
„nur, daß sie nicht weiterziehen können wie jene,
wenn es ihnen zu trocken wird."
„Sie sorgen sich sowenig wie die Lilien auf dem Feld",
zitierte Uli, und wir mußten zugeben,
daß Wüstenpflanzen keine Wahl hatten,
sie mußten sich damit begnügen,
auf das Wunder zu warten.

Jakov aber war noch nicht zufrieden:
„Gott hat sein Volk aus der Wüste herausgeführt,
daß es sich sein Land untertan machen solle.
Sie sollten verantwortlich sein für diese Erde
und füreinander leben,
so wollte der Herr mit ihnen sein."

Bäume in der Wüste machen,
sofern sie nicht einzeln stehen,
sondern dicht an dicht hinter einem Mauergeviert,
den Wanderer neugierig.
Wer aber über eine solche Abgrenzung schaut,
kann einen Garten entdecken
und, wenn er genauer hinsieht,
sogar frisch bearbeitete Beete.
Vor kurzem mußte sie jemand begossen haben.

Wie schön, eine Oase mit verborgener Wasserquelle,
die es erlaubte, zu bleiben,
zu arbeiten, sie zu beschützen
und alles sein eigen zu nennen.

Jakov aber wollte so schnell
unsere Begeisterung nicht teilen:
„Das Land hier kann bestenfalls eine kleine Familie ernähren",
sagte er, und wir begriffen:
Dies war eine jener Situationen,
wo die Wüste den Menschen eine Entscheidung abverlangte,
die das Leben, so oder so, verändern mußte.

„Der Mensch kann sich dafür entscheiden,
im Paradies zu bleiben", fuhr Jakov fort,
„es zu verteidigen und dabei einsam zu werden.
Er kann aber auch das Paradies hinter sich lassen
und durch die Wüste ins Ungewisse ziehen.
Unsere Väter brachen auf,
und Gott war mit ihnen."

Bei Caesarea am Mittelmeer
gerieten wir in ein Areal,
das mit Säulentrümmern übersät war.
Einst aus Marmor oder Graniten verschiedener Farben geschlagen,
mußten sie vor 2000 Jahren Stützen reicher, ehrfurchtgebietender
Tempel gewesen sein.
Da hatten Menschen gebetet und geopfert.
Zur Ehre der Staatsgötter und zum Schrecken der Unterworfenen
haben sie mit Musik und Wohlgerüchen Feste gefeiert.

Hans meinte: „‚Gott mit uns',
stand das nicht auch auf den Standarten der Legionäre
und auf den Münzen der Steuereinnehmer –
so wie es noch in diesem Jahrhundert auf den Koppelschlössern
unserer Soldaten stand?"

Jakov war beeindruckt wie wir:
„Gott läßt sich nicht in den Dienst der Menschen nehmen,
vor ihm stürzen die Mächtigen und ihre Systeme.
Er läßt sich auch nicht vermarkten.
Selbst wo die Frommen dabei sind,
die Spuren seiner Offenbarung zu schmücken,
ist Gott längst wieder an neue Orte unterwegs,
wo Menschsein auf dem Spiele steht."

Es war seltsam im Heiligen Land:
Was auch immer unsere Augen erblickten,
aus heiterem Himmel konnten daraus
die heftigsten Streitgespräche entstehen.
Zum Beispiel dieses Mädchen,
von dem niemand wußte,
welcher Nation oder Religion es angehörte.

Kasim erklärte: „In entlegenen Gebieten Palästinas
wird heute noch oft ein muslimisches Mädchen
sehr früh ihrem künftigen Mann versprochen.
Und es ist keine Seltenheit,
daß sie mit elf Jahren schon verheiratet wird."
„Erst wenn sie einen Sohn geboren hat,
gilt noch für manche Israelis unserer Tage
das Leben einer Frau im vollen Sinn als erfüllt",
fügte Jakov bei.
Wir Christen aber waren uns einig:
Wo Fruchtbarkeit allein den Wert des Menschen ausmacht,
verliert er seine wahre Würde.

Das ärgerte Jakov und Kasim.

Hatten wir ein Tabu verletzt,
oder sahen sie ein solches Denken als falsch an?

Jakov entgegnete heftiger als sonst:
„Wenn Schönheit und Jugendlichkeit zur Religion werden
wie bei euch in Europa,
ist das denn soviel besser?
Seid ihr sicher, daß euren Frauen
all jene Würde zurückgegeben ist,
die ihr ihnen, nicht minder patriarchalisch als wir,
genommen habt?"

An der Westmauer erlebten wir,
wie Juden Bar Mizwa feiern,
die Aufnahme von Jugendlichen
als vollberechtigte Männer
in den Gottesdienst der Erwachsenen.
Dabei blieben die Frauen als Zuschauerinnen hinter dem Zaun,
denn in der Öffentlichkeit
ist die Ausübung der Religion reine Männersache.

Jakov ließ sich von der Festfreude anstecken
und erklärte:
„Die Tora, unsere Bibel, ist uns wie eine Königin.
Wir Männer nahen uns ihr mit bedecktem Haupt.
Wir tragen einen Gebetsmantel über den Schultern,
Gebetsriemen und Kästchen,
in denen unser Glaubensbekenntnis steht.
So ist Gottes Wort der Stirn und dem Herzen nahe."

Ohne es zu wollen,
rissen wir Jakov aus seiner Festfreude,
als wir fragten:
„Wenn ihr euren Bräuchen so streng folgt,
meint ihr dann,
Gott besonders nahe zu sein?"

„Ich muß gestehen", antwortete Jakov,
„euer aufgeklärtes Fragen peinigt mich.
Es mag vernünftig sein,
dennoch versperrt es den Zugang zum Heiligen.

Seht den Alten dort!
Er liest, rezitiert die Bibel,
er klärt, wie wir sagen."

Jakov meinte einen orthodoxen Juden,
der, schwarz in schwarz,
mit Mantel und Hut in der Sonnenhitze stand und betete.
Dabei konnte er kaum noch
durch seine beschlagenen, dicken Brillengläser
die hebräischen Schriftzeichen erkennen.

Jakov fuhr fort:
„Ihr regt euch auf über Äußerlichkeiten,
über Formen und Rituale,
überseht aber den Ernst, die Liebe,
die den Mann erfüllen.
Ihr vergeßt, daß ihm das Buch
Freude und Befreiung schenkt.
Dabei habt ihr Christen die gleiche Heimat wie wir Juden,
das Land nämlich, wo geschieht,
was der Heilige will:
Beachtung des Geringsten unter uns
und Entgegenkommen dem Fremdling,
der Witwe und den Waisen!

Eure Vernunft mag andere Formen des Gottesdienstes finden,
entscheidend bleibt,
ob wir Gottes Liebe weitergeben!"

Vom Turm der Erlöserkirche in Jerusalem
blickten wir weit über das
für unsere Augen unentwirrbare Labyrinth
der Altstadthäuser des Souk hinweg.
Dort drüben erhob sich über allem Gewimmel
unfertig erscheinender Architektur
der Felsendom in vollkommener Pracht.
Wie leuchteten da Kasims Augen.
Für ihn war dies das schönste Bauwerk der Welt.

Dagegen war nichts einzuwenden.
Uns aber störten die unzähligen Fernsehantennen auf den Häusern.
Auf welche Sender richteten sie sich wohl aus?
Brachte, was sie auffingen,
den Menschen in ihren Mauerzellen da unten
wohl Befreiung?
Welche Gegensätze unter ihren Dächern, Wand an Wand,
oft ohne Aussicht auf Ausgleich!
Selbst die Religionen,
Islam, Christentum und Judentum
mit all ihren Spielarten und Sekten,
mußten statt zum Frieden
noch zur Begründung von Feindschaften herhalten.

Und wir fragten uns,
wer denn nun unter all jenen Menschen
auf den einen Gott, den Heiligen, hörte.

Weisungen

Bald war den Israeliten das Königtum zu einer gewohnten Einrichtung geworden. Auch wenn Davids großes Reich schnell wieder zerfallen und die traurigen Reste, Juda im Süden und Israel im Norden, kaum mehr politische Bedeutung hatten, ahmten ihre Könige weiterhin die großen Regenten ihrer Zeit nach. Sie heirateten heidnische Königstöchter, führten deren Kulte im Land ein und saugten ihre Untertanen über harte Steuern und Fronarbeit aus. So konnten sie mit Wohlstand prunken und Hof halten, Kriege führen und rauben.

Einer jener Könige und dazu noch ein sehr durchschnittlicher war Ahab, der sich durch die Königstochter Isebel aus Sidon mit den Phöniziern verbunden hatte.

Naboth aber, ein kleiner Bauer in der fruchtbaren Jesreelebene, hatte das Pech, daß sein Weinberg unmittelbar an Königsbesitz grenzte und den Regenten neidisch machte.

Nun hätte Naboth dem König natürlich den Zankapfel „schenken" können, doch er berief sich auf die Weisungen, Israels Grundgesetz, das zu garantieren ja Aufgabe des Königs und seiner Innenpolitik war, und behielt seinen Acker.

So erfuhr Isebel von der Sache. Sie erledigte das Problem auf ihre Weise, indem sie ein paar Männer bestach, die als Zeugen aussagten, Naboth sei Gotteslästerer und habe darüber hinaus gar noch seine Majestät den König beleidigt. So erreichte die Königin, daß der Bauer hingerichtet wurde und sein Hab und Gut an die Krone fielen. Wir aber hätten nie etwas davon erfahren, wäre da nicht Elia, ein Prophet, gewesen, der den Skandal an die Öffentlichkeit und letztendlich auch in die Bibel brachte.

Was hier geschehen war, werten ihre Weisungen ganz anders: Wie einst in der Wüstenzeit, so glauben die Autoren der Bibel, ist Gott auch im Kulturland der Herr von Grund und Boden, den er seinen Bundesgenossen zur Bearbeitung und

Ernte überläßt, damit alle, auch die Geringen und Schwachen, ja sogar die Fremdlinge bekommen, was sie zum Gebrauch ihrer gottgewollten Freiheit nötig haben. Der König aber hat den Auftrag, mit politischen Mitteln dafür zu sorgen, daß Gottes Weisungen in die Praxis umgesetzt werden.

Das Urteil der biblischen Königsbücher ist eindeutig: Was Ahab tat, mußte dem Herrn mißfallen. Dabei tat er nur, was in der Politik üblich ist und in unserer Welt unumgänglich zu sein scheint. Denn hier gilt die Binsenweisheit: Mit den Zehn Geboten läßt sich kein Staat machen, und mit der Bibel keine Machtpolitik, weil dort Bundesrecht das Königsrecht bricht. Die erste Tafel der Zehn Gebote kennt nur Gott als wahren Herrn und keinen sonst, die zweite aber mahnt alle Starken an ihre Fürsorgepflicht innerhalb des Bundes.

Wird wohl deshalb von den Großen, von den Klugen und den Reichen heute so gern das Gerücht verbreitet, die Bibel sei überholt und veraltet? Ist es aber nicht gerade umgekehrt? Überholt nicht der Gott der Bibel seit jeher diese Welt und erweist sich dabei vor allem den kleinen Leuten als lebendig, eröffnet ihnen in seinen Weisungen Hoffnung und schenkt Heimat? Die Großen aber läßt er in all ihrer Größe lächerlich aussehen. Und gar nicht so selten stürzt er sie von ihren Thronen, die sie sich so prunkvoll errichtet haben.

Ob dadurch allerdings die Mächtigen fähig werden, die in der Geschichte Israels gemachten Erfahrungen wahrzunehmen und aus ihnen zu lernen, darf bezweifelt werden.

Würde aber doch das Wunder geschehen, daß die Politiker anfangen, den Weisungen zu folgen, daß sie statt für ihr Prestige für die Stärkung der Schwachen eintreten, könnte ihr und unser aller Leben eine neue Tiefe und Weite erhalten und ein Segen werden. Dann würde statt Geld und Gewalt Vernunft und Liebe unsere Welt regieren und zur Heimat aller befreien.

Noch lag Nacht in den Schluchten,
da mahnte Kasim zum Aufbruch.
Er wußte, uns stand ein heißer Tag bevor.
Mit den ersten Strahlen der aufgehenden Sonne
erreichten wir den Gipfel.
Dort saßen wir, winzig, wie verloren
zwischen kahlen Höhenzügen im Weglosen
und erlebten das Aufsteigen der Sonne.
Die Wärme ihrer Strahlen tat wohl.

„Wie klein und bedeutungslos
man sich bei diesem Schauspiel vorkommt",
meinte Uli und zitierte aus einem Psalm:
„Was ist doch der Mensch,
daß du seiner gedenkst,
und des Menschen Kind,
daß du dich seiner annimmst!"

„Den Ägyptern war mit der Sonne
ein Gott in den Himmel auferstanden",
sagte Hans.
Jakov aber sah sie als Israelit:
„Uns kann sie nicht mehr schrecken,
denn der Ewige,
gepriesen sei sein Name,
hat die Welt von allen Göttern erlöst.
Die Sonne ist sein Geschenk,
das uns Leben gibt."

Wir wußten schon lange vorher,
heute kommen wir, mitten in der Wüste, zu einem Wasserfall.
Als wir dann vor ihm standen,
konnten wir das Wunder kaum fassen:
Das Geschenk frisch sprudelnden Wassers im toten Land!
Man konnte es trinken, seinen Durst löschen,
man konnte sich darunterstellen,
damit spielen und selbst zum Spielzeug werden.

Jakov zitierte einen Propheten:
„So spricht der Herr:
Meine Gerechtigkeit ist wie das Wasser eines Baches."
Wir verstanden, was er meinte,
denn Juden sehen in jener Gerechtigkeit,
von der die Weisungen Gottes reden,
nicht zuerst auferlegte Gebote,
sondern das Geschenk Leben, dessen man sich freut
und das zu dankbarem Tun ermuntert.

„Ja", sagte Kasim, „Gerechtigkeit müßte sein!"
und wurde traurig:
„Darf man aber dann solchen Überfluß,
ein solches Geschenk rationieren?"
Und Uli fügte hinzu: „Die Quelle hier,
an anderer Stelle den Boden mit seinen Schätzen,
den Acker und die Nahrung, die darauf wächst,
das Land Palästina als Heimat und Lebensraum?
Darf man solche Gaben
dem einen zukommen lassen und anderen vorenthalten?"

Jakov gab beiden recht:
„Das alles, so will's der Gerechte,
ist zum Wohl aller Menschen zu verwalten.
Und wir, als Juden und Araber, wollen dazu beitragen,
auch wenn es zwischen unseren Völkern
viel Widerstand zu überwinden gibt."

Fromme Juden gehen immer wieder zur Westmauer,
um dort der Geschichte ihres Volkes
im Bund mit Gott zu gedenken und zu beten.
In dem Teil, der den Frauen vorbehalten ist,
fiel uns diese Großmutter auf,
wie sie die Bar-Mizwa-Feier ihres Enkels miterlebte.

Gerade wird auf der anderen Seite des Zaunes
von den feiernden Männern die Tora-Rolle,
ihre Heilige Schrift, geöffnet, hochgehoben
und der Festversammlung entgegengehalten,
da streckt die Frau ihre rechte Hand zur Bibel hin aus,
als ob sie diese berühren könnte,
und legt dann die Fingerspitzen
zum Kuß an den Mund.

Israelische Frauen beteiligen sich nicht
am öffentlichen Gottesdienst.
Dennoch wissen sie sich Gott nahe und gehören dazu.
Ihre Vorbilder sind jene großen Frauen der Bibel:
Sara und Hagar, Rahel und Lea,
die am eigenen Leib Befreiung aus ihrer Not erlebt haben.
An ihrem Beispiel können sie Mut fassen,
wenn sie sich ausgeschlossen fühlen.

Darum lassen sich gerade auch israelische Frauen heute,
empfindsam und zugleich selbstbewußt,
zur Rücksicht und Verantwortung für unsere Lebenswelt rufen.
Denn Frauen erfahren stärker als Männer,
wie verletzlich Leben ist,
und wie gut es tut, geachtet zu sein.

Wir beobachteten dort auch einen alten orthodoxen Juden.
Er betete und trug dabei,
wie es sein Frömmigkeitsgesetz vorschreibt,
den Hut und unter seinem Kaftan einen Gebetsmantel.

Orthodoxe Juden wollen es Gott recht machen.
Dabei wurde vieles, was einst in osteuropäischen Judenvierteln
dem Wetter, der Ghettosituation
und landesüblicher Lebensweise angemessen war,
in die neue Heimat mitgebracht,
und erst hier zur religiösen Pflicht erhoben.

„Müssen eigentlich diese dunklen, warmen Kleider,
die einst gegen die Kälte des russischen Winters sinnvoll waren,
nun auch in Palästinas Sommerhitze getragen werden?
Liegt denn darin gottgewollte Frömmigkeit?“ fragte Hans.

„Die Orthodoxen nehmen Anstoß an Touristenfrauen,
die ihre Oberarme nicht bedeckt halten
oder kurze Hosen tragen“, lachte Jakov.

„Es muß schwer sein, ein Volk zu regieren“, sagte Uli,
„in dem so extreme Lebensweisen,
Westliches und Östliches, Europa, Afrika und Asien
hart und unversöhnlich aufeinandertreffen.“

Jakov meinte: „Auch ich muß zwischen vielen Möglichkeiten
einen Weg finden, meinen Glauben zu leben.
Es gibt mehr Konflikte zwischen orthodoxen Vorstellungen
und einer die Technik unserer Zeit benutzenden Zivilisation,
als ihr Ausländer euch ausmalen könnt.
So finde ich es sehr gut,
wenn bei uns der Sabbat fernsehfrei bleibt.
Wenn jedoch an diesem Tag
die Maschinen unserer Fluggesellschaft
nicht mehr starten dürfen,
ist der wirtschaftliche Schaden riesengroß.
Es ist in der Tat schwer,
die guten Weisungen in unsere Zeit richtig zu übertragen.“

„Was ist eigentlich das Besondere an der Klagemauer?
Sie ist doch nur mehr ein Überrest des herodianischen Tempels,
und Herodes war kein Frommer eures Volkes", fragte Hans.

„Seht euch diese drei Männer an", antwortete Jakov
und wies zur Mauer, wo Juden beteten.
„In der Mitte, auf dem Stuhl seht ihr einen alten,
daneben im Rollstuhl sitzt ein junger.
Nur der dritte steht, wie es von Gesunden erwartet wird,
als freier Mann vor Gott."

„Was hat das mit unserer Frage zu tun?"
wollte Hans wissen. Jakov fuhr unbeirrt fort:
„In diesem winzigen Ausschnitt jüdischer Frömmigkeit
seht ihr, was Gottes Weisungen wollen.
Sie erleichtern dem Starken wie dem Schwachen,
dem Jungen wie dem Alten
das Leben.

In den großen Stunden unserer Bundesgeschichte
und auch in ihren schlimmsten
redet immer der eine Gott.
Aus der Vergangenheit weisen uns seine Gebote in die Zukunft,
sie helfen zum Leben, sie bleiben aktuell.
Und wenn es eines Tages gelingen sollte,
daß alle Menschen sich von ihm leiten lassen,
dann erst wird die Welt ganz zur Heimat der Menschen werden."

Im neuaufgebauten jüdischen Viertel der Altstadt
schauten wir lange Zeit diesen beiden Torastudenten zu.
Auch wenn wir sie nicht verstehen konnten,
war doch klar, worum es ging,
denn auf dem Mauersims lagen ihre Bibeln.

Der Kleidung nach mußte der Herr zur Rechten der strengere sein.
Doch auch der andere in Hemdsärmeln trug eine Kopfbedeckung
und unter dem Hemd als Zeichen seiner Rechtgläubigkeit
den Gebetsmantel, dessen weiße Fädchen
am Hosenbund hingen.
Der weniger strenge, so vermuteten wir,
entwickelte gerade eine fortschrittliche,
vielleicht sogar eine gewagte Auffassung über ein Bibelwort.
Sein Kontrahent aber fand,
das gehe zu weit, und wehrte ab,
um dann seinerseits die althergebrachte Lehre zu verteidigen.

Jakov erschienen unsere Spekulationen gar zu bunt:
„Sie benützen zwei Ausgaben derselben Schrift!
Der Wortwechsel der beiden ist beileibe kein Streit,
ganz im Gegenteil. Wir Juden lernen die Bibel im Gespräch,
wobei es sehr laut zugehen kann.
Doch wir meinen,
solange dem einen Buch die Treue gehalten wird,
solange wir seine Lehre lesen und hören
und dabei miteinander im Gespräch bleiben,
sind wir Brüder auf demselben Weg."

Schirmakazien wurden uns in den Wüsten Israels
bald zu vertrauten und beeindruckenden Zeichen des Lebens,
denn schon ihr Dasein im scheinbar toten Land ließ staunen,
und oft genug waren sie uns wichtige,
weithin sichtbare Wegmarken.

Kasim erklärte: „Was in der Wüste groß wird,
muß sich verteidigen können.
Riesige Dornen schützen die winzigen Blätter,
denn je kleiner sie sind, um so schwerer können sie gefressen werden
und um so weniger Wasser verdunsten sie in der Hitze.
Wüstenbäume müssen Kamele erdulden und Sonne,
Heuschrecken und Sandstürme."

Jakov führte das Bild fort:
„Geht es Israel heute im Land seiner Väter nicht ähnlich?
Unser Militär verbraucht den größten Teil des Staatsetats,
macht uns arm und die Währung inflationär.
Ich selbst muß nach langer Militärzeit
jedes Jahr von neuem zu Übungen einrücken.
Und wir Israelis haben das einzusehen,
denn für unser Volk geht es ums Überleben.
Es steht geschrieben:
‚Ich habe dich befreit von der Knechtschaft.'
Das heißt doch wohl auch:
‚Ich will deine Freiheit erhalten wissen,
auf daß du lange lebest im Lande, das mein Eigentum ist.'"

Kasim sagte nichts dazu. Was hätte er sagen sollen,
stand er doch, obgleich mit uns unterwegs,
politisch auf der anderen Seite.
Mehr seinetwegen als zu Jakov gerichtet fügte Hans an:
„In der Wüste stehen Schirmakazien immer einzeln
und mit weitem Abstand voneinander entfernt!
Müßten so nicht auch Araber und Israelis,
wenn sie einander nur genügend Lebensraum ließen,
in demselben Land gemeinsam auskommen?"

Als wir auf dem Weg von Jerusalem nach Jericho
an dieser Siedlung in den Westbanks vorbeikamen,
meinte Kasim grimmig:
„Eine israelische Trabantenstadt Jerusalems
auf jordanischem Gebiet.
Sie sieht aus wie eine Festung, wie eine Kreuzritterburg.
Ihre Architektur zeigt, die Bewohner haben vor uns Angst."
„Sie wollen sicher wohnen",
wandte Uli ein und blickte Jakov herausfordernd an.
„Ihr meint doch nicht", sagte der auch prompt,
„wer auf die Weisungen des Herrn hört,
soll die Hände in den Schoß legen?
Seit den Erfahrungen des Holocaust
werden Juden nicht mehr unpolitisch und passiv bleiben,
wenn sie in Gefahr geraten."
Natürlich verstanden wir ihn.
Wir hätten auch keine andere Lösung gewußt.
Dennoch widersprach Uli:
„Beim Exodus hat Gott zu deinen Vätern gesagt:
‚Ich will für dich streiten, ihr aber sollt ruhig bleiben!'
Das bestgerüstete Reich eurer Geschichte, das Israel Salomos,
zerbrach nach dessen Tod,
und seine Propheten werteten den Untergang
als Strafe dafür, daß die Großen
das Recht der Geringen verletzten."

Kasim schwieg.
Seine Augen blickten uns voll an.
Er hatte bemerkt,
daß wir auch die Probleme seiner Landsleute verstehen wollten.

Unweit von Jericho, der uralten, ewig jungen Oase,
mit der ältesten Stadt der Welt,
lag am Rand der Jordansenke ein ehemaliges Palästinenserlager.
Seine Bewohner waren einst im Sieben-Tage-Krieg
über den Jordan nach Osten geflohen.
Seither zerfallen
die aus luftgetrockneten Ziegeln gebauten Lehmhäuser.
Der Ort würde wieder zu Wüste werden.

Stumm gingen wir durch die toten Straßen des Lagers.
Ihr Anblick machte niedergeschlagen.
Nicht einmal Touristen begegneten uns.

Schließlich faßte sich Uli ein Herz und fragte:
„Jakov, gibt es denn keine Lösung,
die Weisungen zu erfüllen,
daß Israelis und Araber gemeinsam
in diesem Land Heimat finden?"

Jakov seufzte: „Ich verstehe, du erinnerst mich
an die Tradition meines Volkes, die gebietet,
den Fremdling aufzunehmen und zu schützen.
Und du erinnerst mich an Prophetenworte
und an unseren Urväter-Stammbaum,
der ja auch die Namen von Fremdlingen enthält.
Ja, es ist richtig, Gott will,
daß wir so zusammenleben,
als hätte keiner gegen einen anderen ein Recht auf Heimat,
als wären und blieben wir alle Fremdlinge,
denn er allein ist der Herr, ihm gehört das Land.

Die Frage ist nur,
wie sich dies in politische Wirklichkeit umsetzen läßt.
Wißt ihr einen Weg?"

Friede

Auch in der späteren Königszeit stand es in Palästina schlecht um das Erbe der Väter. Keine 150 Jahre nach Ahab war Israel durch die Assyrer von der Landkarte gelöscht worden. Das gerade noch einmal davongekommene Südreich aber lernte wenig aus der Katastrophe. Davids Nachkommen blieben schwach. Und wie die Politik, geriet auch die Frömmigkeit im Lande Juda zu einem Trauerspiel, denn der Tempel war längst ein Sammelsurium heidnischer Kulte geworden. Die Mosetafeln in der Bundeslade, das Gesetz, das Salomo in das Gotteshaus hatte bringen lassen, blieben weiterhin verschwunden. Als äußeres Zeichen für diesen Zerfall des Bundes war auch das Gotteshaus baufällig geworden.

Eine Veränderung brachte erst die Reform des jungen Königs Josia. Er zwang seine Priesterschaft, ihren Tempelschatz herauszurücken und mit ihm das Bauwerk wieder instandzusetzen. Dabei tauchte ein „Buch des Gesetzes" auf.

Der König machte eine riesige Sache daraus. Offiziell ordnete er an, es sei Buße zu tun und der Tempelbereich müsse von allem heidnischen Kult gereinigt werden. Das gefundene Buch aber wurde zum Zeichen der Erneuerung des alten Bundes mit Gott öffentlich vorgelesen und als verbindlich erklärt. Das Königshaus nahm die Reform fest in die Hand.

Doch konnte Friede auf Befehl, mit Glanz und Gloria zelebriert, die Wende bringen? Mußte da nicht der Verdacht aufkommen, die Religion werde wieder einmal zu dem Dienst verpflichtet, für Festigung und Größe des Staates herzuhalten? Die Antwort der Geschichte war eindeutig: Wenig später ging auch Juda unter, und seine Oberschicht wurde samt Königshaus und Priesterschaft nach Babylon deportiert. Am absoluten Tiefpunkt, dem Ende der Geschichte Israels mit seinem Gott, geschah, was keiner hätte erfinden können: Aus einem Meer von Verzweiflung und Resignation klang unversehens ein Lied auf:

„Tröstet, tröstet mein Volk!"

Ein Lied des Glaubens an Gottes Hilfe! Hoffnung auf einen neuen Exodus der Verlorenen aus dem Gefängnis einer Weltmacht!

Und nun antworteten aus dem Elend weitere Gesänge:

„Es sollen wohl Berge weichen und Hügel fallen,
aber meine Gnade soll nicht von dir weichen,

und der Bund meines Friedens soll nicht hinfallen,
spricht der Herr, dein Erbarmer."

So sangen Propheten. Sie verkündigten ein neues Wunder, auf das unter den Juden in Babylon keiner mehr gehofft hatte. Und die Menschen im Exil wurden tatsächlich frei und durften nach Jerusalem, in ihre Heimat zurückkehren.

Denn „Friede" meint nicht Zufriedenheit, Ruhe und ein Ende aller Konflikte, wie das die Römer so gerne hatten. Das Friedenswort der Bibel, „Schalom", meint Ganzsein, Heilsein, in Gemeinschaft miteinander auskommen. Es meint, im Bund mit Gott füreinander unterwegs bleiben.

Tausende Jahre später kämpft das heutige Israel erneut um Frieden. Und wie Israel geht es der ganzen Welt. Das Problem hat nichts an Aktualität eingebüßt. Ganz im Gegenteil, die Frage bleibt, welchen Frieden denn nun die Staaten und ihre Bürger wollen. Möchten sie den römischen oder Gottes Frieden, den Frieden, den Menschen zu machen versuchen, oder den, der aus Gottes Hand nur als Geschenk empfangen werden kann?

Römischer Friede ist das Ende des Kampfes derer oben, die ihre Privilegien verteidigen und dazu die Kleinen noch kleiner machen müssen. Römischer Friede ist aber auch der Sieg derer unten, die aufsteigen, und denen es gelingt, sich dort oben einzurichten. Gottes Friede ist dagegen Gabe, die das Herz des Menschen verwandelt, die provoziert, sich um das Wohl der anderen zu kümmern und dafür Sorge zu tragen, daß Grenzen sich öffnen und Gegensätze nicht mehr trennen, damit alle gleichberechtigt am Heil teilhaben.

Die Worte der Propheten klingen wie die Utopie aus einer anderen Welt in unsere Moderne hinein, politisch unrealisierbar und keinesfalls mehrheitsfähig.

Doch das ist jüdischem Glauben und mit ihm dem Glauben der Christen nichts Neues: sie mißtrauen schon immer einem machbaren Frieden, denn sie wissen, daß gerade dieser unsere Welt zugrunde richtet. Der Bundesgott aber will seinen Frieden schenken, möchte die Menschen davon erlösen, für ihre Sicherheit leben zu müssen. Schalom läßt neuen Lebenssinn finden. Er macht verantwortlich für die Mitmenschen, damit jeder in dieser Welt Heimat habe und ein Segen sei für alle.

Wir blicken von einer verfallenen
Verteidigungsstellung im Süden Israels aus
über die Arava-Senke nach Jordanien hinüber.
„Dort drüben, jenseits der Grenze, lebt
seit dem Sieben-Tage-Krieg mein Vater",
sagte Kasim.

Hans, der an Israels Frühzeit dachte,
sprach darum Jakov an:
„Ist das nicht eine verrückte Situation?
Als deine Väter am Ende
ihrer Wüstenwanderung
einst dort drüben angekommen waren
und sich unter Josua anschickten,
in dies Land zu kommen, in dem wir stehen,
waren hier vielleicht Kanaanäer
und bauten Verteidigungsstellungen
gegen euch auf."
„Heute ist es aber genau umgekehrt:
Israel sitzt in diesen Stellungen
und verteidigt sein Land", ergänzte Uli.
Es war in der Tat ein seltsamer Rollentausch.

Jakov antwortete:
„Ihr habt recht, wir dürfen nie vergessen,
auch nicht, daß Menschen durch uns
in Not kommen.
So trauern wir etwa am Sederabend,
unserem Pessachfest, um die Ägypter,
deren Erstgeborene durch unsere Befreiung
getötet wurden.
Solche Trauer gehört mitten hinein
in die Feier unserer Erlösung
aus politischer Unterdrückung.

Vor allem aber dürfen wir den nicht vergessen,
der uns befreit hat,
der uns dies Land als Geschenk gab,
denn seine Gabe ist Aufgabe,
ein Segen für die Völker zu sein.
Gelingt das mit Gottes Hilfe,
wird Friede sein."

An der Klagemauer steht
unter vielen anderen Männern
auch ein Soldat und betet.
Ganz öffentlich liest er in seiner Bibel.
Dabei hat er das Gewehr schußbereit,
und über dieselbe Schulter hängt ihm
ein Brotbeutel mit eiserner Ration und Wasserflasche.
Seltsam nah beieinander,
der Tod in der Waffe und das Leben in der Tasche.
Die Hände aber,
die gelernt haben, mit dem Gewehr umzugehen
und wenn nötig auch zu töten,
halten jetzt die Bibel,
und ihre Finger berühren die heiligen Buchstaben.

„Wie mag das zusammengehen?" flüsterte Hans.
„Wo Schalom und Gerechtigkeit herrschen,
sollen doch Schwerter zu Pflugscharen werden!"

Jakov erwiderte:
„Es geht nicht ohne Waffe.
Gott will, daß das Unmögliche wahr wird:
‚Du sollst nicht töten!'
und du sollst Verantwortung übernehmen zum Schutz des Lebens,
das dir anvertraut ist."

Doch Kasim erinnerte an die andere Seite der Wirklichkeit:
„Derselbe Israeli, der den Lebensraum der Seinen verteidigt,
schmälert damit, ob er will oder nicht,
die Rechte der Araber.
Eure Überlegenheit bedeutet für uns Unterdrückung."
„Würden wir aber die Waffen aus der Hand legen", entgegnete Jakov,
„wäre eure Freiheit unsere Bedrohung."

„So bleibt nur", meinte Hans,
„daß ihr beide jenen Frieden der Völker,
von dem in der Bibel die Rede ist,
in eurer Freundschaft vorwegnehmt."

Wenige Meter davon entfernt,
auf dem früheren Tempelplatz,
stehen wir zwischen El-Aqsa-Moschee und Felsendom,
den ehrwürdigen Heiligtümern des Islam.
Wir sehen einen Moslem seine Gebete verrichten:
Er hält das Haupt mit einer Mütze bedeckt,
die Schuhe hat er ausgezogen
und Füße, Hände und Gesicht gewaschen,
wie es Vorschrift ist.
Nun kniet er, nach Mekka gewandt,
und berührt mit der Stirn andachtsvoll diesen Boden,
der allen drei Buchreligionen heilig ist.

Da freute sich Kasim:
„Heimat ist", sagte er,
„wo der Gläubige in Frieden seinen Glauben leben kann."

Dieses kleine schwarzhäutige Mädchen lebt
mit seinen Eltern in Arad,
einer neuen Stadt im Zentrum der Negevwüste.
Eine ganze Gruppe schwarzer US-Bürger
war vor kurzem hierhergekommen.
Sie erzählten uns ihre Geschichte:
Die Vorfahren waren als Sklaven
von Afrika nach Amerika gebracht worden.
Sie glaubten, von Mose abzustammen
und damit wahre Israeliten zu sein.
Den Israelis aber galten die schwarzen Amerikaner
als Asylanten,
die man nicht im Lande behalten will.

Von Jakov wollten wir später wissen,
weshalb Israel solchen Leuten das Heimatrecht vorenthalte.
„Es ist nicht, wie ihr vielleicht denkt, die Hautfarbe,
denn wir haben ja schließlich
auch die äthiopischen Juden aufgenommen!"
„Was aber dann?" bohrten wir weiter,
„schreckt euch ihr fremder Glaube ab?"

Jakov meinte:
„Es gibt Gruppen bei uns,
die ihnen den Anspruch streitig machen,
von Gott erwählt zu sein."
Natürlich wollten wir Jakov
nicht für die Bürokratie einer Behörde
oder gar für intolerante Zeitgenossen schelten.
Er kannte sowenig wie wir eine praktische Lösung,
die jeder Seite gerecht werden konnte.

Wir waren uns einig,
und Uli sagte dies dann auch:
„Wo einer andere ausschließt,
und sei es aus noch so hehren Gründen,
ist kein Friede."

Im Bazar von Bethlehem geht es
noch lebendiger und natürlicher zu
als in den oft von Touristen
überfremdeten Einkaufsstraßen Jerusalems.
Hier finden wir die Waren zwar nicht so raffiniert,
dafür fast genußvoll breit ausgelegt
und liebevoll angeboten.
Es ist ein beeindruckendes Bild,
solche Bauersfrauen zu sehen,
wie sie, die Früchte ihrer Felder und Gärten vor sich,
in prächtigen, mit Kreuzstichen geschmückten Gewändern
ein fröhliches Fest des Lebens inszenieren.

„Sie haben ihre Würde unabhängig davon,
ob sie Käufer finden und Gewinn nach Hause bringen",
sagte Kasim.
Und man konnte ihm ansehen,
wie ihn unsere Freude stolz machte.

Zu Jakov sagten wir:
„Ein Bild des Friedens!"

„Ja", meinte er,
„solange ein jeder seine Würde hat
und die anderen respektiert!
Wir müssen Wege finden,
müssen Brücken schlagen
über all die Gegensätze in unserem Land hinweg.
Wir müssen lernen,
in allen Menschen Gottes Kinder zu sehen."

In Jerusalem wanderten wir auch
durch die Olivenhaine des Ölbergs.
„Ölbäume vor den Toren der Stadt
waren früher lebensnotwendig", erklärte Kasim.
„Daher konnte selbst ein erfolgloser Feind
beim Abbruch seiner Belagerung
den Städtern noch schweren Schaden zufügen,
indem er die Bäume fällte."
Doch Kasim wollte eigentlich nicht von alten Zeiten reden:
„Seht euch am Abhang die Stützmauern
zwischen den Bäumen an, fuhr er fort.
„Sie sind nur so hoch wie gerade nötig,
um in der Regenzeit das kostbare Wasser
am allzuschnellen Abfließen zu hindern
und den Wurzeln zuzuführen.
Außerdem bewahren sie den fruchtbaren Boden vor Erosion."

„Dann gibt es also auch Mauern, die nicht trennen",
freute sich Jakov,
der das bis dahin so noch nicht betrachtet hatte.

Wir alle aber fanden, es sei doch sehr schön,
wieder einmal einig sein zu können,
und wir folgerten miteinander weiter:
Mauern, die Eigentum schützen,
waren hier fehl am Platze;
sie würden den Ertrag der Eigentümer nur mindern,
da sie Raum verstellten, der den Pflanzen abginge.

„Wer also Grenzen baut", faßte Uli zusammen,
„schmälert damit auch seinen eigenen Lebensraum."
Und Hans meinte:
„Dann ist, was wir an den Ölbergmauern sehen,
wiederum ein Aspekt dessen, was Friede meint."

Einmal auf die Mauer und ihre Aufgaben aufmerksam geworden,
bemerkten unsere Augen überall neue Mauern.
Bei den Felsengräbern sahen wir eine
mit gleichmäßig behauenen Kalksteinen
und Mörtel errichtete Wand,
die fast von selbst an die Begrenztheit des Menschen
und die Endgültigkeit des Todes denken ließ.
Doch da hatten Pflanzen
zwischen den Steinen Fuß gefaßt,
da wuchs Leben aus den Fugen.

Kasim meinte:
„Ihre Wurzeln können so durch die Fugen wachsen,
daß sie schließlich die Mauer sprengen.“
Für Jakov bedeutete dies:
„Selbst die kleinen Mauerpflanzen
können Symbol der Hoffnung werden,
daß eines Tages
die von Menschen aufgebauten Trennwände zerfallen,
denn das Lebendige ist Feind alles Starren.“

An einem Hang,
nicht weit vom See Genezareth,
wächst wildes Getreide
inmitten einer Wiese voller Senfblüten.
Keines Menschen Hand hat sie gesät.
„Hier kann sich der Hungrige bedienen",
freuten wir uns.
„Er kann Ähren sammeln, sie zerreiben,
die Spelzen aus der hohlen Hand blasen und die Körner kauen,
bis er ihre Süße schmeckt,
und keiner würde ihm dabei wehren."

Jakov stellte richtig:
„Kein Bauer versucht,
dem Hungrigen das Ausraufen von Getreideähren
aus seinem Acker zu wehren.
Der Besitzer erntet auch sein Kornfeld nie vollständig ab,
sondern läßt für den Hungrigen einen Rain stehen.
Sogar die allerletzte Garbe bleibt auf dem leeren Acker
zurück für die Armen
und für die wilden Tiere des Feldes."

„Dann meint eure Bibel", schloß Hans,
„daß Friede ist,
wenn alle genug zu essen haben
und keinem das Recht auf Leben vorenthalten wird."

Es war frühmorgens.
Wo das Staatsgebiet Israels im äußersten Süden
als schmaler Streifen ans Rote Meer stößt,
standen wir auf einer Anhöhe
und schauten über Elat hinweg zur Grenze.
Drüben lag, wie ein Zwilling der israelischen Stadt,
Aqaba, der einzige Hafen Jordaniens.
Die nächtliche Beleuchtung brannte noch
und ließ Kais und Straßenzüge erkennen.
Es würde noch etwas dauern,
bis die Sonne den neuen Tag heraufbringt.
Doch ihr Schein begann schon,
dem Himmel Farbe zu geben,
während die Stadt dort drüben noch schlief.

Von der einen Stadt zur anderen führt kein Weg.
Die Grenze bleibt dicht.
Dennoch können auf beiden Seiten die Menschen
friedlich schlafen.

„Solange die Lichter brennen,
solange man aus Angst vor dem anderen
nicht verdunkeln muß", meinte Kasim,
„braucht sich keiner zu fürchten."

Jakov aber fügte an:
„Über diesen einen, vor uns liegenden Tag hinaus
warten wir alle auf jenen Morgen,
an dem die Grenzen ohne jede Gewalt überflüssig werden
und wir miteinander in Frieden leben können."

Rückkehr

Nach dem Exil hatte Israel nie mehr zu voller Souveränität zurückgefunden, und 135 n. Chr. wurden die übriggebliebenen Juden endgültig von den Römern niedergeschlagen und aus ihrer zerstörten Heimat vertrieben.

Erst 1800 Jahre später am Ende einer unvorstellbaren Irrfahrt durch die Geschichte und nach einem beispiellosen Holocaust haben sie in ihrem alten Land wieder neu Heimat gefunden und versuchen heute mit Tora und Talmud, mit hebräischer Sprache und jüdischer Lebensweise einen modernen Staat zu führen.

Das neue Israel mußte sich vom ersten Tag seiner Existenz an mit militärischen Mitteln verteidigen und im Krieg gegen seine Nachbarn leben. Doch woraus auf Dauer viel größere Schwierigkeiten entstehen, das sind die Spannungen unter den eigenen Bürgern. Denn da gibt es Juden aus aller Welt und aller nur denkbaren Bildungsstufen, und es gibt die verschiedensten Grade an Frömmigkeit und Parteinahme. Wie sollte daraus je ein einheitlicher Staat und eine Heimat für alle Bürger werden?

Aus diesem Land, das beileibe nicht heilig ist, kehren wir Israeltouristen in unsere europäische Heimat zurück. Aber stehen nicht auch bei uns Anspruch und Wirklichkeit des Glaubens in Spannung zueinander? Auch uns Christen stellt sich das Problem, wie denn Schalom in unserer Gesellschaft Gestalt annehmen kann. Keine Seite sollte die andere überheblich anklagen. Es darf sich aber auch keiner mit der Feststellung aus der Verantwortung stehlen, man lebe eben in einem pluralistischen Staat, der eigene Gesetze habe, und was im persönlichen Bereich verbindlich sei, gelte darum noch lange nicht auch für das staatliche Handeln.

Knüpft Israel bei seiner Tradition an, soll es Frieden stiften unter den Völkern und darin der Welt Gottes Absicht zeigen. Es soll ein Modell werden für menschenwürdiges Leben, in dem der Schwache, der Kranke und der Fremdling teilhaben am Leben in der Gemeinschaft.

Etwas davon können wir Touristen als Gäste beim jüdischen Sederfest miterleben, jenem Mahl, das auch Jesus mit seinen Jüngern gefeiert hat. Es ist für die christliche Kirche zu einem wichtigen Symbol geworden, zur Mitte ihres Gottesdienstes. Dort teilt Gott an seinem Tisch mit uns und nimmt uns in eine unvergleichliche Gemeinschaft auf.

Da geht es dann nicht mehr um ökonomische Interessen, um Profit, Überlegenheit, Ausbeutung und Absicherung der eigenen Position und Existenz, sondern um Teilhabe am Schalom Gottes. Wer teilhat am Teilen Gottes, wird ganz sein und nur feiern können, sofern er sich für jene Schwachen und Fremdlinge öffnet, die schon immer das Kriterium des Gottesbundes waren.

Die Schwachen der Bibel finden wir auch bei uns. Neben Alten, Kindern und Behinderten gilt es mit Arbeitslosen an einen Tisch zu sitzen und teilen zu lernen. Und Fremdlinge sind neben Aussteigern, Gastarbeitern und Angehörigen der Besatzungsmächte auch die Asylanten, denen gegenüber jegliche Apartheidspolitik einem Öffnen der Herzen weichen müßte.

Was bringen wir am Ende unserer Reise aus dem Heiligen Land nach Hause mit? Könnte es doch jenes Modell der Gemeinschaft sein, das im Gottesbund mit Israel in diese Welt hineinleuchtet mit der Verheißung: „Ich will dir Heimat geben." Denn was Psalm 146 sagt, gilt noch immer:

„Der Herr liebt die Gerechten,
der Herr behütet die Fremdlinge."

Bildlegenden

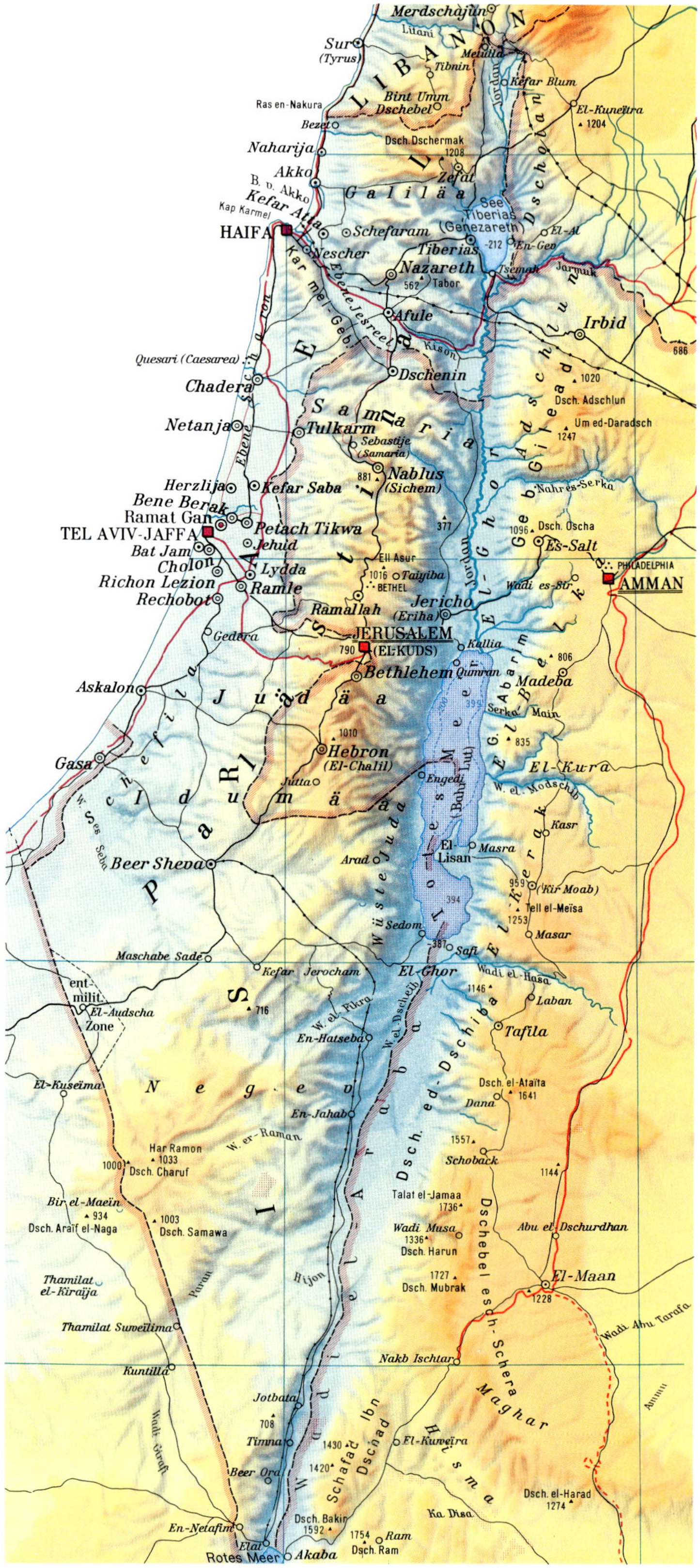